사진촬영_ 유승민

최은별☆

네 시를 읽는 오후 네 시

애지시선 095

네 시를 읽는 오후 네 시

2021년 3월 19일 초판 1쇄 발행
2021년 9월 25일 초판 2쇄 발행

지은이 최은별
펴낸이 윤영진
기획편집 함순례
홍 보 한천규
펴낸곳 도서출판 애지
등록 제 2005-000005호
주소 34570 대전광역시 동구 대전천북로 12
전화 042 637 9942
팩스 042 635 9941
전자우편 ejiweb@hanmail.net

ISBN 978-89-92219-96-9 03810

애지시선095

네 시를 읽는 오후 네 시

최은별 시집

시인의 말

뒤돌아 길게 침묵한 후 되돌아 짧게 뱉은 말, “안녕”
많은 말을 삼키고 있는 듯 착각했지만
나는 이미 그 외에 뱉어 낼 말을 갖고 있지 않았는지도 모른다

2021년 봄
최은별

■ 차례

제2부

제3부

제4부

〈일러두기〉

*본문에서 〉는 '단락 공백 표시'로 한 연이 새로 시작된다는 표시이다.

제1부

빨랫감

A 자 모양의 빨래 건조대에 늙은 시집 한 권이
널려 있다 냉장고에서 아이스크림을 꺼내느라 읽던 책을 잠시 걸쳐 놓고 있었다
초콜릿 맛 아이스크림 한 통을 퍼먹으며 사이사이 책을 몇 번
노려본다 그때마다 책에서 오래된 초콜릿 맛이 난다

시집은 건조대 위에서 빨랫감의 기분에 대해 생각한다
볕도 없고 비만 내리지만 시집은 실제 빨랫감이 아니라
별로 상관없다 시, 와 비, 는 비슷한 글자이니 더더욱 괜찮을지 모른다

시집은 한 번 읽힌 뒤 쭉 책장에서 노쇠해져 가고 있었기 때문에
그대로 잊히는 운명을 맞이할 참이었기 때문에
자신이 다시 선택된 것도, 지금 건조대 위에 널려 있는 상황도 다 꿈같고

몇 번씩 입혀지고, 세탁되는 빨랫감의 기분을 알 리도 없다고 판정한다

시집이니까, 시옷 자로 펼쳐 머리에 써 본다 내가 시가 된 것 같다
모자가 된 시집 역시 나를 감싸 주고 감춰 주니 비로소 집이 된다
이제야 시집다워지고
이제야 빨랫감의 기분을 조금 이해할 수 있게 된다

책을 바닥에 내려놓는다 여전히 시옷 자 모양으로
다른 늙은 시집 한 권을 더 꺼내 똑같이 펼친 뒤
나란히 붙여 주니 둘은 웃는 얼굴이 된다

그사이 나는 초콜릿 아이스크림 한 통을 다 먹었고
늙은 시집과 다른 늙은 시집에서도 오래된 초콜릿 맛이 났다

시계 가게

톡톡. 톡 톡 톡
— 이 시계 가요?

오천 원도 안 되는 중국산 액세서리와 시계만 파는 가게
멈춰 있는 시곗바늘을 보며 손님이 묻는다
시계에 약이 들어 있느냐, 시간을 맞추면 정말로 가냐,
혹시 모형이나 불량은 아니냐, 대충 그런 종류의 뜻

주인은 부채질을 멈추고 손님을 힐끗 쳐다본 후
네 구매하시면 시간 맞춰 드려요, 무심하게 대답한다

손님은 몇 번 더 시계를 두드려 본다
유리가 맞는지, 튼튼한지 확인하려는 듯
오천 원이 안 되는 시계는 끊임없이 의심받는다

톡톡. 톡 톡 톡
내 시계를 그만 건드려 주세요

그런다고 바늘이 움직이진 않는답니다
어떻게 해도 안 가요, 고장인데 거짓말했어요
심지어 고장 '난' 게 아니라 '낸' 거거든요
빼놓은 부속품은 지금도 품 안에 지니고 있으니
사실 언제든 돌이킬 수 있습니다
하지만 앞으로도 돌이키고 싶진 않답니다
이제 아시겠지요?
시계가 아니라, 내가 고장 난 거랍니다

— 이 시계 주세요.

주인은 주머니에서 휴대폰을 꺼내 시간을 확인한 뒤
최대한 오차 없게 시곗바늘을 맞춘다
정직한 시간을 넘겨받은 손님은 만족하고

주인은 휘우듬히 앉아 다시 부채를 집어 든다
텅 빈 가게에는 탈탈탈 선풍기 돌아가는 소리만 들린다

///부끄러운 시///

///감기약을 먹었더니 졸음과 수전증이 왔다

천장은 갈수록 높아지고
그 아득한 천장에 종이는 겁을 먹었다

분명 반.듯.반.듯하게 글씨를 썼는데
겁먹은 종이가 이리 흔들, 저리 흔들,
글씨가 *비,뚤,배,*뚤해졌다

어릴 때는 경필 대회에서 금상도 수상했건만
이젠 악필가가 따로 없다

'천재는 악필이라지'
내가 비로소 천재가 된 것인가 주억이다
'글씨는 마음의 거울이라고!' 하며
종이를 찢는다
〉

너를 잃은 나의 말들이
어디로 가야 할지 몰라 울고 있다
실어가 된 그들이 실비로 내리고 있다

어떻게 해야 무너지지 않을 수 있을까

누군가가 끌어낸 것이라 믿고 싶지만
끌린 자국은 없다
나를 떠나기 위해
스스로 걸어간 자국만이 뚜렷할 뿐

감기약을 먹었으니 입을 다무는 게 좋겠다

빗금을 많이 치면 부끄럽다는 거니까
이 시는 부끄러울 것이다///

무릎의 점

홀수와 짝수를 구분할 수 있게 된 때부터 나는
홀숫날에만 울었고
혼자서만 울었다

내 무릎엔 진한 점이 하나 있다 너무 진해서
점 같지 않고 살아 움직이는 무엇 같다

무릎을 오그린 채 딴생각을 하다가
문득 시선이 쏠리면
벌레라도 앉아 있는 줄 알고 화들짝 놀라
공연히 쏘아보게 된다
무릎에 진한 점이 있다는 걸 매번 잊는다

그날도 그 사실을 망각하고 있었다
그날은 짝숫날이라 울지 않았고

눈부신 흰 벽을 벅벅 긁으며

손톱이 다 사라졌으면 좋겠다, 고 생각했다
뜨거운 방바닥에 몸을 최대한으로 붙이고서
이 밑으로 내가 푹 꺼져 버렸으면 좋겠다, 고 생각했다

하도 없어지고 싶어서 왜소한 몸을 동그랗게 말고
더 작아지다, 작아지다, 마침내 소멸하는
그런 상상을 했다

하지만 그 자세로 다섯 시간을 붙박여 있어도
나는 소멸하지 않았고
머무적거리며 엉성하게 고개를 들었을 때
무릎의 점과 눈이 마주쳤다
점 같지 않은 그것이, 한없이 꿈틀거렸다

아무도 모르는, 나조차 가끔씩만 인식하는
작고 작은 비밀
〉

그런 비밀을 간직하고 있는 한은 아무래도
존재할 수밖에 없겠구나, 생각했다
그리고 아마 그날 나는,

누군가의 앞에서 비밀을 누설하고
조금 울어 보고 싶었을 것이다

허기

별이 하나도 보이지 않자 허기가 졌다

나는 별일 없이 사는가, 별 탈 없이 사는가,
혹은 별수 없이 사는가

'지금'도 '오늘'이라는 날 속에 있을 텐데
지금을 살고 또 살면 어떤 날인가를 산 것일 텐데
나는 지금을 버리고 또 버려
나의 날들을 다 흩뜨려 놓고 있는 것 같다

그 긴 시간, 빛나던 그림자를 내던지고
까만 어둠을 두르면

별이 진 자리에 허기가 지고
휘청, 휘청,
괜찮은 날과 괜찮지 않은 날들이 흔들린다

몽마

어둠이 엄습해 왔다
그 질감이 생소해 호흡이 곤란해지고 있었다
오래 잊고 있던 시커먼 이야기들이
하나둘 어둠 속에 숨어들었다
발을 뗄 엄두가 나지 않았다

다가오지 마 다가오지 마
오른쪽으로 비켜서

거대한 존재가 나를 들이덮치는 일에 대해
아무런 긍정도 부정도 할 수 없었다
단지 짓눌리는 것밖에는 할 수 없었다
아무것도 보이지 않았고, 나약했으므로

그래도 당신이라면
나를 짓누르고 짓밟고 짓이기는 게 혹시 당신이라면
정말로 괜찮아서, 심장도 다 내줄 수 있어서

당신이었으면 좋겠다고 생각했다

날카로운 손톱이 살갗을 찌르고
흰 벽지에 붉은 꽃무늬가 점점이 그려지는
맹렬하고 광포한 고통 속에서도
그런 생각만을 했다

그런데 당신이 아니었다
나를 옥죄는, 당신도 아닌 것에게 매달리고 아파했다
꿈인 걸 깨달았지만 이런 꿈을 꾸는 것조차 비참해
차라리 죽고 싶었다

서광이 비치고
밤사이 죽지 못한 내가 몸서리치며 깨어났을 때
왼쪽에는 깨끗한 벽지밖에 보이지 않았고

모든 사물들은 오른쪽에 있었다

파문

멀리 푸른 산들이 여러 겹으로 겹쳐 있었다
눈앞의 수면에는 빛살이 가득 늘어박혀 있었다
부허한 마음을 수습하기에 좋은 풍경이었다
좋은 날이었다

문득, 당신이 내 안에 숨어들어 일으킨
파문을 형상화하고 싶었다

내가 고개를 돌린 뒤에야 닿곤 하는 늦은 눈동자
살금살금 다가와 어깨를 토옥 건드리는 여린 손길
정적 속 스스럽게 한번 터는 마른기침, 같은

나는 가장 반질반질 윤이 나는 돌멩이를 찾았다
짝짝이 신발 중 거추장스러운 쪽을 벗어 던지고
앙감질로 힘차게 뛰었다
돌멩이는 선연한 곡선을 그리며 날아
수면에 작은 파문을 일으켰다

〉

그것은 아주 조심스러웠고

눈이 부셨다

낮비

첫 번째 물방울이 수직 낙하를 마치고
두 번째 물방울은 옆길로 샜다
물방울들이 떠나가는 걸 나는 가만히 지켜보았다

곧 터널이 나타나고
머물러 있던 물방울들이 터널 빛을 받자 별자리처럼 빛나기 시작했다
낮이라기엔 너무 밤이고, 선명한 우주였다

앞차가 웅덩이를 밟았는지
뒷바퀴에서 별들이 튀어 올라 앞 유리에 가득 맺혔고
꾸벅 졸던 와이퍼는 번뜩 깨어나 별 닦는 임무를 수행했다

숱한 별은 눈앞을 아찔하게 만드니까
자꾸 희망을 갖게 하니까
울게 하니까

웃게 하니까

나는 별이 명멸하는 광경을 사랑했다

짧은 밤을 관통하고 나오는 순간
별자리 너머로 아득한 산들이 펼쳐졌고
그건 너무 푸르렀고 낯이었다, 나의 세계였다

외틀어 동네에 들어서자
교회가 참 많았다 신에게 기도하는 사람들이 많았다
나는 별에게 기도하는 사람이므로
여기서부터는 걷겠다고 했다

근사한 남색 우산을 펼치고 반듯하게
아무렇게나 돌출된 콘크리트 바닥을 걸었다

콘크리트 바닥은 흑건으로만 이뤄진 건반 악기 같았다

빗방울들이 건반을 잘 친다는 것을
비가 많이 내리던 날 처음 알았다

떠나야 하는 것들은 떠나가고 머무를 것들은 머무르는 동안
나는 외롭고 찬란하게 명멸하고 있었다

무효화

1.
집에만 있어도 상처가 빈번했다

팔뚝에 긁힌 자국이 선명했다
어디에 긁혔는지도 모른 채
피가 다 말라붙을 때까지 잠자코 보내다
상처에 물이 닿을 때에야 그 사실을 깨달았다

며칠 뒤엔 오른쪽 엄지의 살점이 가위에 잘려 나갔다
다섯 바늘을 꿰맨 자리는 한 달이 지나서야 아물었고
지문이 약간 없어졌다
이제 오른쪽 엄지의 지문으로는
나를 잘 증명할 수 없게 되었다

2.
누렇게 얼룩진 벽지
원인은 누수라는데

울지 않은 지 오래됐는데 왜 그런 일이 일어난 건지

너라면, 벌어진 벽지 사이로 틈입해
벽지를 이불처럼 덮고 가만히 눈 감을 것 같다

위협적으로 뒤집힌 압정
원인은 실족이라는데
움직이지 않은 지 오래됐는데 왜 그런 일이 일어난 건지

너라면, 압정 몇 개 더 뒤집어 놓고
그 위를 가시밭길처럼 걸을 것 같다

너는 그렇게 무심하고 무모한 사람
나를 위해서가 아니라, 오직 너를 위해서

3.
아픈 줄도 모르고 자꾸 아픈 나니까

벽지나 압정 따위에도 자꾸 떠오르는 너니까
이제 우리 약속을 폐기할 때가 됐다
여독이 남더라도 그리할 때가 왔다

더 이상 지문으로 나를 증명할 수 없으니
우리가 찍었던 손도장은 무효다

증발

당신이 서 있네요
마주친 적 없는 서툰 환각처럼
해석된 적 없는 황홀한 음절처럼

황망히 흩어졌던 파편들이 제자리를 찾아요
내 안에 위치했던 당신과
오래전 실종되어 기억나지 않는 온도
읽기에 너무도 눈이 부셨던
이제는 희미해진 문장들과
대신 발음해 주던 당신의 목소리도

모든 잃었던 것들이 좌표를 읽고 궤적을 더듬네요
당신을 왜곡하고 균열시키던 시간이
실없는 농담이었던 듯이

그렇다면 그냥
당신이기로 해요 계속 당신이기로

〉

새벽은 매일같이 무너지고
그 새벽을 온몸으로 받아 내는 나도 함께 무너지기로
그렇게 머리가 깨어지고 심장이 부서지기로
언제나 눈물이 나고 영혼도 함께 누수되기로

그렇게 해요

바람이 안아 가거나
별들이 서슬 같은 빛으로 찌르거나
당신 생각에 영혼이 다 마르거나
내가 사라진다면, 그중 하나로 해요

당신이라는 명징한 증발 앞에
증발할 수 없는 내가 서 있네요

왜곡

내 앞에 당신은 없고 이—김 부부만 앉아 있다

기울어져 가는 낡은 술집
이—김 부부가 하소연을 한다
이는 결혼기념일이었다고, 파란 장미였다고
김은 생일이었다고, 보라색 스타티스였다고

말이 어긋난다
어느 쪽도 거짓말처럼 보이지 않는다

두 사람이 쏟아 내는 하소연 중 한두 가지는
내가 그 자리에 있었던 적도 있는데
양쪽 모두 내 기억과 다르다
이로써 다수결로 해결할 수도 없게 된다

비틀린 말들은 나를 몹시 교란시키고
내 앞에 당신은 없고

나를 옭아맨 혹은 내가 붙잡은 모든 것들이 허상은 아니었는지
나는 겁을 집어먹기 시작한다

기억이란 대체 왜 그리 쉽게 변질되는 것일까
왜 A와 B를 섞고, 과장하거나 축소하며
때론 전혀 없는 기억까지 가공해 낼까
그리고 왜 쉽게 확신하는 것일까

이—김 부부는 진짜인지 가짜인지도 모르는 기억을 쏟아 내느라
술이 줄지 않았고
내 앞의 콜라만 바닥이 났다

내가 언젠가 당신을 왜곡하게 될까 봐
그래서 당신이 균열될까 봐
문득 두렵다

가지런한 불행

노란색 반팔 원피스를 입고 노란 택시를 탔다
행복으로 충만할 것 같은 날

어이, 저편에서 들려오는 달뜬 목소리
스피커폰으로 대화 중인 두 사람
방금 손님 보내고 다시 전화한다는 상대방도
너 바쁜데 내일 모임에 올 수 있겠냐 되묻는 기사님도
참 다정한 말씨라 가만 듣는 것으로 기분이 좋아졌다

기사님은 통화가 끝난 뒤 내게 말을 걸었다
워낙 설명하길 좋아하는 아저씨일지도 모르고
호기심 가득한 눈빛에 마음이 동한 걸지도 모른다

동창 녀석이에요 나 포함 열 명이 친한데
서울에 세 명, 광주에 한 명, 전주에 여섯 명이 있어요
1972년부터 해마다 꾸준히 모이고 있죠, 대단하죠?
그런데요 그중 한 친구가 지난달 췌장암으로 세상을

떠났어요

삼 년간 병마와 열심히 싸웠는데 결국 그렇게 됐네요

역시 하느님은 착한 사람부터 데려가나 봐요

허허, 웃으며 말하는 목소리는 여전히 다정하고 또 슬펐다

이번엔 그 친구 대신 친구 아내가 나올 거라고 했다

아내는 모임에 나가서 조금 행복할까

나처럼 노란색 옷을 입고 그날만큼은 행복을 빌어 볼까

그 노랑은 자신을 위한 것일까 남편을 위한 것일까

남은 사람들을 위한 것일까 떠난 사람들을 위한 것일까

그러고 나면, 그 하루는 또 얼마큼 불행할까

곧 비가 올 것 같은 차창 밖을 내다보며

분명 일기 예보에서 비가 올 거라 했는데도 우산을 챙기지 않았다는 걸 떠올렸다

유리 위로 입술을 앙다문 내가 슬쩍 비쳤고
기사님의 표정은 보지 않아도 알 수 있었다

세상 어떤 행복은 가지런하지 않다
아니, 실은 대부분의 행복이 그렇다
우리는 행복한 순간 속에서조차 한없이 흔들리고 흐트러진다

그에 비해 불행은 올곧다
이 불행이 영원할 것처럼, 아무런 망설임도 없이, 우릴 추락시킨다

나는 곧 내릴 비와 맥없이 젖을 노란 원피스를 상상하며
모임이 끝난 뒤 노란 원피스를 세탁기에 넣곤 주저앉을 아내를 상상하며
부단히 회색 콘크리트 바닥으로 곤두박질쳤다

제2부

네 시를 읽는 오후 네 시

플랫폼에서 어름거리며 우는 사람을 보았다
네가 생각났다
(누가 울면 따라 우는 너는 늘 시인 같았다)

기차 안에서 다리 떠는 사람을 셋이나 보았다
그들은 믿지 않을 테니 상관없고
내 복만 달아나는 기분
(세상의 모든 속설을 믿는 너는 늘 시인 같았다)

좌석에 앉아 편지 봉투를
뜯는다, 마침내

수취인 란에 너는 또 내 이름을 멋대로 지어 썼다
이름을 짓는다는 것,
시와 가장 비슷한 일이다
(이름 짓기가 취미인 너는 늘 시인 같았다)
〉

너와 반짝이는 장면을 공유하며 명명하고 싶을 때마다
이미 네가 그것에 붙인 이름이 있어
나는 함부로 시인이 될 수 없었다

너는 이채롭고 극렬하며 무해한 말들만 하는 사람
어떤 언어들은 그 자체로 시 같아서
너는 시를 쓴 적 없어도 항상 시인이었다

오래전 네가 쓴 편지를
읽는다, 마침내

()랑 0이 너무 닮아서 몇 번 잘못 읽었다
()나 0이나 없는 셈 칠 수 있는 거니까 착각해도 별 문제는 없었다
아니, 그러나 분명 존재하는 것이기도 하지
그게 없으면 제대로 설명이 안 되기도 한다
그래서 나는 너를 자주 오독했다

〉

내가 열린 ()이고 네가 최초의 0이라면
내가 너를 학습해도 될까
너의 모든 걸 표절해도 될까
기침이나 한숨이나 그림자나 발자국이 되어도 될까

숨 없는 너를 만나러 가는 길
창밖의 세상은 울렁거렸고
씀벅이는 눈으로 손목시계를 들여다보니 오후
네 시였다

(네가 울까 봐)
울지는 않았다

메아리

벌거벗은 새들의 입속으로
일제히 달려드는 빗방울

믿지 말아야지
갑작스런 비를 믿지 말아야지
나를 흐트러뜨리고 어찌해야 할지 당황시키는
비를 믿지 말아야지

비밀을 구걸하지 않는 새들의
단단하고 선명한 노래처럼

외쳐야지, 우기를 거두고
행여 방해물에 부딪혀 반향이 되더라도
자신이 한 말이나 그대로 되받을 뿐이라 해도
그 메아리도 특권이야

열심히 올라가 본 사람의
크게 소리 질러 본 사람의

짧은 꿈

검은 그림자가 공중을 두 바퀴 빙빙 돌다
붉은 장미 위에 드리워졌지

검은 그림자는 자주 붉은 장미의 꿈을 꿨어
버려진 문장들을 잎사귀에 음각하며
태양이 뜨는 것을 몇 번이고 바라보며
노래하며, 꿈을 꿨지
선연히 맺힌 이 마음이 당신에게 가닿길
잘고 고운 햇살이 당신의 방향으로 돌아눕길

검은 그림자는 자주 붉은 장미의 꿈을 꿨어
모랫길 위에 소외된 형상들을 양각하며
별이 뜨는 것을 몇 번이고 바라보며
울며, 꿈을 꿨지
길 끝에 아스라이 걸려 있는 저 향기가 당신의 것이길
별 하나 곁에 둘 수 있어 늘 자그맣게 빛나는 밤이길
〉

검은 그림자는 자주 붉은 장미의 꿈을 꿨어
검은색은 붉은색을 사랑할 자격이 없는데
그림자는 장미를 사랑할 자격이 없는데
그림자는 사실 하늘을 날 수도 없는데

자신에게 꽃잎 같은 날개가 없다는 걸 미리 알았더라면
그저 검정에 검정을 덧씌우며 자꾸만 어두워졌더라면
아무것도 갈망하지 않고 침잠했더라면

그림자가 드리워진 붉은 장미는 곧 시들었고
검은 그림자는 차가운 땅바닥에 내려앉았지
그곳이 자신의 자리인 걸 닿자마자 알 수 있었지
붉은 장미는 짧은 꿈이었어

가시

마른 혀로 어둠을 닦는다
내가 똑똑히 바라보았던 그날들이
내게 절실했던 그날들이 만져지지 않는다
어둠에 뒤섞인 그을음만이 그 모든 흔적인 것인지
무엇도 속단할 수 없다

잘릴 만큼 혀를 깨무는 건 어렵다
잘려도 죽을 만큼 피를 흘릴 수도 없다

그래도 나는 할 수 있어야 한다
이 혀를 잘라 버리고 죽을 만큼 피를 흘리고
다시 새 혀가 돋아나
당신이 아닌 사람을 말할 수 있어야 한다

마른 혀를 접는다
귀퉁이를 잃어버린 어둠이 사라질 준비를 한다
〉

생을 바쳐 오직 당신만을 부르고 싶었지만
당신이 내 혀에 가시처럼 박혀
나는 당신을 발설할 때마다 따끔따끔 아프다

물고기와 새

꿈을 꿨어요
아주아주 긴 꿈을

전화가 두 번 왔고 문자가 세 번 왔고
알람이 여섯 번 울렸고 초인종이 한 번 울렸지만
그 많은 소리들이 방해해도
꿈은 끝나지 않았어요

꿈속에선 물고기와 새가 거의 똑같이 생겼어요
물고기처럼 생긴 것들이 나무 위에 둥지를 틀었고
새처럼 생긴 것들이 바다를 갈랐죠

꿈속에서 그녀는 고작 열넷 즈음
그는 열아홉 즈음이었을 거예요

여러 날들을 뒤꼍에 우그리고 앉아
헛헛한 심장을 더듬곤 했지만

그들은 도저히 심장을 벌충할 방법을 알 수 없었어요
손실된 이유조차도

하늘이 가무레해질 때까지
그녀는 작은 몸뚱이를 더 작게 말고는
새를 닮은 물고기처럼 뻐끔거렸고
그는 기다란 목을 더 길게 뺀 채
물고기를 닮은 새처럼 삐삐삐— 쉽게 울 뿐이었죠

그리고 내가 아주아주 긴 꿈에서 깨어났을 때
그녀는 이미 예순이었고 그도 예순다섯이었어요

어느 도배공의 손

1.

엄마는 내일도 손이 거칠어져 돌아올 것이다. 추운 곳으로 가게 될지 따뜻한 곳으로 가게 될지는 도착해 봐야 알 수 있을 것이다. 추운 곳으로 가게 된다 해도, 아마 그곳이 북극이라고 해도 엄마의 이마에는 땀이 송골송골 맺힐 것이다. 물론 그건 그만큼 힘들다는 뜻이지, 장소가 상관없다는 뜻이 아니다

2.

엄마는 김밥을 싸고 있다. 내일은 일행 없이 혼자라 밥을 사 먹을 필요가 없다고 생각한 건지 김밥이 먹고 싶었던 건지는 모른다. 새벽같이 나가야 하니 미리 싸 놓는 거란 것만 안다. 고생하러 가면서, 소풍이라도 가는 듯 콧노래를 흥얼거린다

엄마는 넉넉히 싼 김밥을 식탁 위에 올려놓는다. 우리는 저녁을 배불리 먹었음에도 또 양껏 집어 먹는다. 엄마

의 요리 솜씨는 매우 뛰어나 아무리 배가 불러도 거부하기 어렵다. 맛있다, 맛있다를 연거푸 말하면 엄마가 새침하게 웃는다

3.

몰래 바라본다, 엄마의 처진 어깨와 고단한 등과 느른한 팔을. 엄마라는 삶이 시작된 뒤 거의 평생 도배를 해온 상처투성이의 손을. 본래 엄마 손이 얼마나 예쁜가에 대해 누설하려면 하룻밤을 꼬박 새야 했는데, 지금은 상처의 수를 세는 것으로 이틀 밤을 샐 수 있다. 형광등 불빛을 받아 엄마의 손금이 반짝인다. 그 손바닥만 한 별자리 정도가 엄마 삶의 증거이다

옥상이, 마당이, 마당의 화장실이, 화장실 앞 앵두나무가 우리 것이 아닌 작은 집에서 살아 봤다. 그건 모두 마당 건너 이층집 주인 할머니의 것이었다. 그 작은 집에서 연탄을 피우며 살았고 밤에 화장실 가는 게 무서워 오줌

참는 게 버릇이 되었다

수년 뒤 전주 변두리 삼십 평대 아파드로 이사한 건 순전히 엄마 덕분이지만 엄마를 제외한 나머지가 어리거나 아프거나 철없었으므로 빚은 거의 갚지 못했다. 따라서 이 집도 우리 것이라기엔 늘 애매했다

애매한 이 집에서, 곰팡이가 핀 벽지 옆에서, 때가 탄 장판 위에서 엄마는 언제나 소녀처럼 춤을 춘다. 발목이 잘려야 춤을 멈출 수 있었던 빨간 구두 이야기처럼 엄마도 손목이 잘리기 전까진 춤을 멈출 수 없을 것이다

4.

익숙해지기 전까지, 엄마도 어느 때인가는 환멸을 느꼈을까. 곱던 손이 거칠어지기 시작했을 때 엄마도 까무룩 쓰러지고 싶었을까. 아니면 엄마라서, 처음부터 다 참을 수 있었을까. 슬퍼야 할 풍경이 한갓진 게 되었는데 엄

마는 억울하지도 않을까

김밥을 너무 많이 먹었나, 목이 컥컥 막힌다. 엄마의 손은 더 이상 예쁘지 않다. 다만 형광등 불빛 없이도 내내 반짝일 뿐이다

지각

나는 일어나지 않고 옆으로 누운 그대로
휴대폰 줄을 만지작거렸다
젖소 탈을 쓰고 있는 곰돌이 푸 줄이었다
배 부분에 볼록하게 튀어나와 있는 하트를 누르면 표정이 변했다

흐트러진 머리칼을 매만지고
뺨에 말라붙은 눈물 자국을 손톱으로 긁어냈다
당신 생각이 났다

"나타나요! 올해 안에."

잊을 뻔했는데
그냥 흘려보내기엔 안타까운 여름날 운세였다
아직 만나지 못했건만
벌써 새해가 왔다는 게 믿기지 않았다
〉

"나는, 아직 12월입니까?"

마른 입술 사이로 쉰 목소리가 새어 나왔다
나의 12월이 지나지 않았는지
여름날 운세가 아직 유효한지 물으며

푸의 배를 눌렀다
푸는 입을 벌리고 활짝 웃었다
자신이 가진 네 가지 표정 중 가장 밝은 표정이었다

가 버린 게 아니라 아직 오지 않은 것이었다
운명이라고 지각하지 말란 법은 없다
운명도 때때로 좀 더딜 수도 있고 미루어질 수도 있는 일이다

나는 푸의 표정을 따라 지었다
만날 수 있을 것 같았다

치사량

펜 끝이 널 향할 때면 종이는 늘 부족해진다

어떤 것도 부를 수 없고 바라볼 수 없는데
이 마음은 팽창할 줄밖에 모른다
계속 커진다 더 그리워진다

맴돌 수 있는 이름이라도 있으면 좋겠다 부르지 않을 테니
떠올릴 수 있는 두어 표정이라도 더 있으면 좋겠다 바라보지 못해도 좋으니
전하기는커녕 들킬 수조차 없는 마음
왜 작아지지도 사라지지도 못하는지

아니 어쩌면 이건 모조리 거짓말이다
잊지 못해서, 라거나 잊을 수 없기에, 라는 말은 때로 허위였다
다만 잊지 않도록 했을 뿐

내 존재가 의미 있기 위해 나는 널 그토록 붙들어야만 했다

극소량도 치사량이 될 수 있다
너를 본 순간이 평생의 의미가 될 수 있다
한순간이 한평생을 건설할 수 있다

내가 복용한 극소량이 치사량을 초과했으므로
난 오직 꿈속에서만 너에게 적은 글자들을 구겨 던질 수 있었다
영영 전하지 못할, 끝내 들킬 수조차 없는

꿈속에선 구겨진 글자들이 웅얼거리며 자신을 발음했고
잘 들리진 않았지만 알고 있었다
아직 적지 못한 글자들까지
나는 이미 다 외우고 있었다

새벽

산사의 종소리가 들려오는
야트막한 새벽

새벽은 그저 새벽만이 아니다
그것은 가장 하얗고, 하얗다는 것은
아침이 될 수도 한낮이 될 수도 밤이 될 수도 있다는 뜻이다

모름지기 새벽이란 수많은 시간들을 토해 내는 때
어제부터 시작해 이제 막 시작된 오늘, 오지 않은 내일
감당할 수 없을 만큼 먼 시간들까지도

종소리에 깨 버린 이런 새벽이면
때때로 그들이 사분거리는 소리를 들을 수 있다

그들은 사라지지 않는 반흔 같은 것이다
새벽이 잊힐 때까지 사분거리기를 멈추지 않지만

딱히 귀찮거나 시끄럽지는 않다
다만 아무리 겪어도 생경하고 안쓰러울 뿐

그들을 조심스레 만져 본다, 메말라 있다
당연하다, 흔적이니까
메마르지 않은 예쁜 것들은
흔적을 남기지 않고 고고히 사라지기 마련이다

예쁘지 않은, 메마른 것들이, 사라지지 않은, 반흔들이
내 안에 날아들어 겹겹이 포개진다

공기가 무겁다
아무리 가볍게 말하고 웃어도 무엇 하나 휘발되지 않는다
이 가벼운 말들을, 웃음들을 곡진히 가라앉히고 있다
나를 다 들킨 모양이다

봄눈

문자를 받은 건 그녀인데 눈을 보러 나간 건 나죠
나는 차가운 낭만주의자고
그녀는 따뜻한 현실주의자거든요

봄에 내리는 눈이라니
낭만적일 줄 알고 달려 나갔는데

아니요, 저건 눈이 아니잖아요
내가 당신에게 썼던 편지들이 잘게 찢겨 내리는 거잖아요
그렇지 않다면 당신에게 보낸 처연하고 무용한 말들이
이렇게 모조리 가슴속에 떠오를 순 없죠

하늘은 또 한 가지를 나에게 들키고 말았네요
당신에게 전해 달라고 부탁했던 편지들
한 통도 건네주지 않았다는 것
〉

어쩐지 어둠 속에 가끔
별 아닌 것들이 희미하게 보이곤 했는데
그거 다 내 편지들이었나요
그거 다 어둠 속에 감추었다가 눈에 섞어 버리곤 했던 거군요
내 이야기가 당신에게 닿지 않았군요

나는 그때도 말할 수 있었고 지금도 말할 수 있는데
왜 당신은 듣지 못하나요
나는요, 조금도 변하지 않았어요
나도 놀랄 만큼 조금도요

정전

숨 쉬는 법을 잊은 지 여러 날, 망설이다 서랍을 열었다 반으로 곱게 접힌 흰 봉투 속에 약이 얼마나 남아 있는지 세어 본다

나의 들숨은 모두 한숨의 준비일 뿐 제대로 된 숨을 위한 것이 아니니다 내게 남아 있는 숨, 내가 쉴 수 있는 숨이란 오로지 한숨뿐인 듯 나는 한숨으로써만 겨우겨우 살아진다

까마득한 어제
어제처럼 한심해지는 오늘

꼭대기가 어디일까 아니면 바닥은 어디지? 벽은 있나? 벽을 짚어야 중간인 척할 수 있을 텐데, 난 대체 어디쯤을 부유하고 있는 걸까

너는? 넌 지금 어디 있지? 나를 나이게 했던 그 이름이

무엇이었더라 비명 속에 섞어 부르고 싶은데 기억나지 않는다 목소리도 나오지 않는다 깊이 침잠되어 갉작여 놓았던 밤들이 내 것이 아니었던 듯 생경하다

근데 정말 여기가 어디쯤일까 빛도 소리도 없는데 어떻게 가늠할 수 있지 언제까지 부유해야 무언가에 부닥칠 수 있지 벽을 짚어야 중간인 척할 수 있을 텐데, 실은 바닥보다 더 밑에 수몰되고 싶어

약봉지 하나를 뜯는다 물컵을 들자 바퀴벌레 한 마리 재빠르게 지나간다 나는 멍하니 약을 입에 털어 넣는다

까마득한 오늘
오늘처럼 한심해지는 내일

좋은 예감

방 안 가득 몰려 닥칠 때부터 심상치 않았죠

이런 날은 시간이 좀체 가질 않아요
모든 사람과 사물과 풍경이 늘어져서
정확하다는 시간마저도 늘어져 버리는 것 같아요

예상대로 엘리베이터가 좀 느려졌어요
아마 층마다 햇살이 가득 끼어 있을 거예요
땡— 드디어 1층
통로를 지나면 천국이라도 나올 모양새네요

두 블록 거리를 결국 지각하고 L과 C를 만났죠
신발 바닥에 들러붙은 햇살을 떼어 내며 미안해하는 나를 그들은 나무라지 않았어요

오히려 뭐든 그런 식으로 늦는 나를 사랑해 줬고
묵은 이야기를 들어 줬고 미처 말을 끝마치기도 전에

L은 너라면, 이라고 했고 C는 너니까, 라고 했어요

어떻게 두 사람이나 먼저 나서서 날 진심으로 북돋아 줄 수 있을까요?
이런 건 정말 처음이에요
난 항상 응원을 구걸했고, 거짓 응원만 받았는데

내 방의 하얀 벽지와 어제 닦은 거울,
침대 맡에 붙어 있는 세 장의 노란 포스트잇을 떠올려요
그것들이 다 부적이었을까요

아, 걱정은 말아요
예감이 틀려도 나는 아프지 않아요
북돋아 준 사람들이 설레발쳤을 뿐이고
부적 같던 포스트잇이 은행잎인 양 떨어질 뿐이죠

제3부

덤

흰 벽을 타고 흐르는 환청에 깼다
텅 빈 냉장고에서 꺼내 먹을 만한 거라곤 오렌지 주스뿐
남은 오렌지 주스를 몽땅 삼켜 버리고

내 나이 다섯 살에 죽은 시인의 시집을 읽었다
냉장고만큼 빈 주머니로 헌책들만 구입할 때
엽서를 끼워 준다 하여 이것만은 헌책으로 사지 않았다

섞인 한자를 읽지 못해 답답했지만
어둡고 유현한 필치가 탐이 났다
그의 비극적 생애는 누가 만들었는가
한 권뿐인 그의 흔적은
주저흔躊躇痕일 수도 방어흔防禦痕일 수도 있다

지나간 시간은 둘이었을까 셋이었을까
환청이 달래지고
〉

녹슨 방충망 새로 가느다란 빛이 들어오는 게 보였다
빛이 고독과 불안을 거두어 가고 있었다
이제야 제대로 잘 수 있겠다고 생각하다가
밤에 잠을 못 자? 난 베개에 머리만 닿으면 잠들던데?
하던 친구의 목소리가 떠올라 피식거렸다

시집을 덮었다
마지막으로 엽서 한번 만져 보려다
투둑 몇 장이 뜯어졌다
아까워 벽에 붙일까 책장에 붙일까 대보다가
괜스레 흠칫하며 뜯긴 제자리에 끼워 놓는다
그의 생애 몇 페이지쯤 몰래 훔쳐 낸 듯

빛은 빛에 눈이 멀어 이 장면을 보지 못했다
나는 이 덤이 퍽 마음에 든다

달이 떨어진다

여름날 초저녁
빗줄기가 패연하게 쏟아지며
피아노 학원 창을 쾅쾅 두드리고 있었다

창가에는 밖을 가만히 바라다보며
달이 떨어진다, 라고
코멘소리로 속삭이는 갈래머리 여자아이가 있었다

딱 저만했을 때 시인을 꿈꿨던 강사는
다섯 걸음 뒤에서 그 장면을 목격하고
명시를 읽은 것처럼 별안간 환해져 발을 동동거렸다

무엇이 저 아이의 눈에 달처럼 비친 걸까
강사는 습관적으로 손을 오므려 섬섬초월을 만들어 보였다

달걀을 감싸 쥐듯이 손 모양을 해 보렴

초승달을 잘 만들 줄 알게 된다면
피아노를 잘 칠 수 있단다

손톱은 짧게 깎으렴
더 많은 달들이 여기저기로 튀어 나갈 수 있게
그래야 피아노를 잘 칠 수 있단다

선생님은 그렇게 무수한 달을 토해 내서
시인이 못 되고 피아노 학원 강사가 됐단다

아이의 등을 빤히 바라보다가 또 환해져서, 자꾸만 환해져서
그 등을 넌지시 쓸어 주고 싶어져서
자국걸음으로 다가가 바로 뒤에 섰다

창밖엔 달이 떨어진 흔적처럼 커다란 웅덩이가 있었고
아이는 직접 만든 거라며 품에 끼고 다니던 모루 인형의
떨어진 다리를 붙여 주고 있었다

억지

집으로 돌아오는 길, 하늘은 짙은 청색이고 구름은 길었다 별은 단 두 개뿐이지만 달이 모든 별빛을 모아 놓은 양 밝았다 늘어선 가로등의 불빛들이 하염없이 번졌다 마을에서 가장 큰 나무 아래 잎들이 가득 쌓여 있고, 멀리 십자가가 보였다 그리고 당신이 없었다

나는 드디어 못 견딜 지경에 이르렀다 누구든 붙잡고 싶다 붙잡아서,

허상을 사랑하는 사람은 자주 울어요 새 두루마리 휴지가 한 장도 남지 않을 때까지 어제 빨아 말린 베갯잇이 축축이 젖을 때까지 거의 다 나았던 감기에 다시 걸릴 때까지 우는 소리 지겨워 어둠이 달아나 버릴 때까지

아무 소리도 없다면 울지 않을 수 있을 것 같은데 그 적막을 깨는 일은 좀 미안하니까요 하지만 어디에 있어도 무슨 소리인가는 들리는걸요 공기에도 벽에도 바닥에도

소리가 있어요 또 내 심장 소리는 어쩌고요? 울음소리는 우리가 다 감춰 주겠다고 그들이 말하는 것 같아서, 안심이 된단 말이에요

허상을 사랑하는 사람은 자주 울어요 허상과 엇비슷한 죽음 주변을 버정이면서, 어제도 오늘도 내일도 울죠 거짓말이라도 좋으니 단지 이 마음이 의미 있다는 대답만 해 주세요……

하고, 억지를 부리고 싶은 것이다

후회

불쑥 습하다
이미 푸석하게 말라 버린 내게는 분명한 이질감이지만
종종 찾아오는 덕에 꽤 익숙하다

이질감도 익숙함도 아닌 그 감정에 뒤를 돌아보면
언제나 그가 서 있다

그는 내 눈치를 살피지도 않고 알량한 언어를 던지지도 않는다
당연한 일이다
그는 잘못한 게 하나도 없었다

나는 다 알면서도 굳이 매몰차다
잘못한 게 없어도 한 번쯤 내 눈치를 살피거나
알량한 언어를 던져 주길 고대했던 것이다
나는 따지듯 말한다
〉

내 심장은 이제 검불밭이에요
밟아 봐요, 버석버석 소리가 들리죠
모든 게 다 말라 버린 소리예요
그런데도 뭘 더 가져가려고 거기 서 있나요

얼핏 오지 말라는 이야기 같지만
사실 왜 이제 왔냐거나 가지 말라는 이야기다
그 때문에 상처받았다는 이야기 같지만
사실 그밖에 회복시킬 수 없다는 이야기다

그는 어느 때보다 오래 서 있었고
마침내 그가 떠난 자리에는 알싸한 잔향이 남아 코끝이 시큰했다
겨울이 이미 반절도 더 지나고 있었다

집, 시

내가 존재하지 않는 듯한 기분에는 익숙해 난 언제나 일했고 그래서 추락하지도 못했으니까

그런데 이건, 나는 너무도 선명하게 존재하는데 나의 날들만 모조리 사라진 기분이야 아무것도 남지 않은 나, 오롯이 나일 뿐인 최초의 나 혼자 여기에 서서 흩어진 날들을 어쩌지 못하고 있는 것만 같아

손이 하얘졌으니 눈앞이 깜깜하지 깜깜하니 또 추락도 못 하지

그녀는 좀 더 고민해 보고 오래 할 수 있는 일을 찾는 게 좋을 것 같다고 했고 나는 그 결과가 이거라고 했어 모두 하고 싶은 일이 아니기 때문에 마음이나 의지는 쉽게 부식되고, 재건하는 법도 모르니 그냥 떠날 수밖에

다시금 곰곰 생각하던 그녀는 아무래도 넌 떠돌며 일

해야 할 모양이라고, 집시처럼 사는 게 어울릴 것 같다고 말해 왔어 그러다 푸하, 웃음을 터뜨리며 너한테 정말 잘 어울린다고, 꼭 너를 위한 단어 같다고 했지

집과 시와 집시가 다 좋은 나는 그 말에 잠시 기분이 좋았어 이제야 마음껏 추락할 수 있을 것 같았거든

오늘 밤 흰 베개에 얼굴을 묻고 추락해야지 추락하는 것들은 날개를 가질 자격이 있는 거야 희망이 있는 것들만이 추락해

밑줄을 그어 줘

손이 미운 철부지 소녀야

글재주 하나 없는 네가
내 꿈속에선 긴긴 편지를 썼지
그러면 그건 나의 말일까 너의 말일까

다섯 장에 걸친 편지 속엔
잊고 싶지 않은 아름다운 표현이 많았어
지우고 다시 쓴 수많은 흔적이
그 표현들을 위해 얼마나 고민했는지를 가늠케 했지
편지지가 지저분해 옮겨 써야 할 것 같았지만
어쨌든 스스로도 뿌듯한지 한 줄 한 줄 손가락으로 밑줄을 그어 가며
소중히 읽기를 반복하고 있었어

부서지는 밤,
미열 때문에 잠에서 수없이 깨면서도

그 표현들을 기억하려고 무진 애를 썼지
새벽빛과 함께 전부 휘발되고 말았지만

손이 미운 철부지 소녀야
미처 건네지도 못한 그 이야기를
꿈 밖에서 다시 해 주겠니

중요하다고 말해 줘
~~내게 밑줄을 그어 줘~~
아니 아니, 취소선 말고 밑줄, 밑줄을 그어 줘

해가 지고 별이 뜨거든, 마침 바람이 불거든 말해 줘
네 손을 꼭 잡아 준
그때 그 사람, 바로 나였다고

어른

사랑은 사랑을 의심하지 않아요
아마 동물이나 곤충이나 식물도 그럴 거예요
조그맣게 뭉친 눈덩이나 여백뿐인 노트도 마찬가지겠죠
그것을 의심하는 것은 오직 사람뿐이에요
그리고 난 사람이고, 게다가 어른이 됐죠

없어요
없다고밖에 말할 수 없어요
보이지도 않고 아무 말도 들리지 않아요

이제 난 보이지 않으면 볼 수 없고 들리지 않으면 들을 수 없어요
아무것도 느낄 수 없고 알 수 없어요
그런 멍청하고 한심한 어른이 됐다고요
성나서 해 보는 볼멘소리가 아니라, 정말이에요

그런데도 당신은 날 믿나요

왜 바람이 자꾸만 나울거리고 꽃잎이 자꾸만 떨어져 내리죠
왜 그날처럼 자꾸만 그렇죠

난 이제 당신이 바람을 통해 전하는 귓속말을 듣지 못하는데
꽃잎이 머리 위에 내려앉아도 찌그르르 끓는 가슴 따위 이제 없는데
더 이상 그런 걸로 사랑을 듣거나 보지 못하는데

사랑은 사랑을 의심하지 않아요
빛도 어둠도 그럴 거고 그 중간쯤인 것들도 그럴 거예요
그것을 의심하는 것은 오직 사람뿐이고
난 사람인 데다가 벌써 어른이죠

눈이 떠지지 않는 꿈

이불과 요는 연한 회색이다
베개는 팥죽색이지만 회색 수건으로 덮으면 감쪽같다
이불, 요, 베개 삼박자가 맞았으나 잠은 들지 않는다

밤새 설치다 해가 뜬 뒤에야 한 시간 잤을까
그사이에도 기어코 꿈을 꿨다
나는 꿈에서 하염없이 어둠을 더듬었고
꿈인 걸 알아서 아주 무섭진 않았지만 꿈인 걸 알아도 불행했다

헤매고 방황하고 허덕이다 어느 순간 화들짝 놀라며 깼는데, 깨고 보니
몸이 기이한 형태로 비틀려 있었다
장난 많은 어린아이가 일부러 꺾어 놓은 구체 관절 인형처럼

환하게 방을 밝히고

눈을 여러 번 끔벅거린다 여전히 오른쪽 눈의 초점이 맞지 않는다

인공 누액을 넣고 다시 깜빡여 봐도 마찬가지다

일주일이면 시력이 거의 회복된다는 스마일 라식을 한 지 반년

나는 아직도 회복하지 못했다

글자들이 자신을 지탱하지 못한다 책 속에서도 컴퓨터 텔레비전 휴대폰 속에서도

혼이 스르르, 빠져나가듯 부웅, 떠 있다

헛구역질이 난다

삶에서 글자를 빼앗기니 생각도 말도 죄 잃는다

어제저녁 퇴근길 두 번째 모퉁이에선 달 네 개를 보았다

어두울 땐 빛 번짐이 심해 빛나는 것 중 똑바른 건 아무것도 없게 된다

〉

그래, 그 모퉁이에 안경점이 하나 있었지
시인이니까
다시 안경을 맞춰야겠다 내 눈도 달처럼
다시 네 개가 될 것이다

이불, 요, 베개 삼박자를 맞춰도 잠은 겨우 들고
자꾸 눈이 떠지지 않는 꿈을 꾼다

육십 페이지

1.

서랍 속에 묵혀 둔 육십 페이지짜리 노트

어느 날 모든 기억이 사라진다 망상했을 때
불충분한 증거들을, 문장의 흔적들을 잃고 싶지 않았다
잃고 싶지 않다는 욕망은 나를 선부르게 만든다

2.

어디선가 주워 온 나무 선반 위에 오래된 탁상시계가 앉아 있다
수십 년 동안 "삐리삐리삐리— 삐리삐리삐리— 컴퓨터 작동 중— 주인님— 일어날 시간입니다—"라고만 말했던
지금은 아무 말도 못 하는 시계
시계는 그렇게 평생 말을 아낀 덕분에 부엌의 시간을 지킬 수 있는 것이다

누군가에게 선물 받은 부엌 식탁에 내가 앉아 있다

주워 온 것과 선물 받은 것의 색깔이 똑같기란 매우 어렵고
주워 온 것이 먼저일 경우 그 확률은 무한히 올라간다
나무 선반과 기적적으로 색이 맞아떨어진 식탁에서
숨겨진 혹은 지워진 육십 페이지를
생애 가장 지난했던 그 페이지를
드러내거나, 다시 쓸 수 있을까 생각했다

그리고 다이소에서 구입한 커피 믹스를 타 마시다 혀를 데었다
달콤한 향에 매료되어 급히 들이켠 탓
아마 마찬가지일 것이다
정말 하고 싶은 말은 아껴 두어야 한다
급히 했다가는 혀를 데기 쉬울 일이다

3.
육십 페이지는 여전히 미흡하다

증거가 되기에, 문장이 되기에

나는 서랍을 열지 않기로 결정한다
아끼는 것은 결코 잃는 것이 아니라는 사실을 기억하며

낙하

꿈이 꿈이었던가 사랑이 사랑이었던가

철없이 말없이 그러나 수없이 간절했던
그것이 꿈이고 사랑이었을까
혹은 도피처였을까

밤새워 울던 날들은 어떤 의미를 가졌을까
내 곁을 거닐던 언어들은 시였던가 거짓이었던가
머리 위를 나닐던 별들은 존재였던가 허상이었던가
나는 그 순간 외로웠던가 외롭지 않았던가

누군가는 언젠가 이런 낙하를 본 적이 있을까

아, 별이 떨어져 내린다 눈물이 떨어져 내린다
꿈이 떨어져 내린다 내 사랑이 떨어져 내린다
나는 꿈과 사랑 그 전부를 엮어 올리고 싶었으나
이미 높은 별과 눈물은 떨어져 내릴 줄만 안다

〉

철없이 말없이 수없이
꿈꾸고 사랑하고 도피했으나
결국 '끝없이'를 못 지켰다, 내가

그리운 사람들

비가 지나간 뒤 완연한 가을이 왔어
덜 마른 길가에 그림자 누이고
밤을 가만가만 밟으며
바람결에 낙엽 쓸리는 작은 소리 곱씹으며
소중한 당신들을 하나씩 그려 봐

누군가는 대화로 나를 알았을 것이고
누군가는 함께 겪은 시간으로
누군가는 다만 짐작으로 나를 알았겠지
각자 나의 단면만을 알고 있겠지만
그걸로 이미 충분할 거야

성을 붙인 이름이든 성을 뗀 이름이든
흔한 별명이든 혼자만의 별명이든
당신들은 각자 나를 부르는 어떤 언어를 갖고 있겠지
나름의 애착을 담은

〉

당신들은 나와 만날 때 혹은 헤어질 때
멀리서 팔을 크게 휘저으며 인사한 적이 있을 거야
무척 반갑다는 듯이, 매우 아쉽다는 듯이
나는 그 모습에 가슴 저린 적 있겠지

고마워 나를 알아줘서
이름이나 별명을 불러 줘서
나와 만나고 헤어지는 일을 반가워하고 아쉬워해 줘서

이 가을이 지나고 눈이 하염없이 내릴 때에도
나를 잊지 않아 준다면
우리 그때 만나자
설익은 눈 위에 우리의 선명한 발자국을 남기자

그냥

진눈깨비가 송두리째 사멸되는 모습을 바라보며
어둠이 어둠을 삼킨 날들에 대해 생각한다
눈물이 눈물을 휩쓸던 순간들에 대해

이것은 오래된 기억이다

그를 분실한 후 절단된 시간에 그녀는
마음이 번잡했다 사실 번잡할 것도 없었다
그는 그녀의 전부였고 그녀는 전부를 잃었을 뿐이다

그녀는 자신을 살해하려 했지만 모두 실패했고
그 뒤 소란스러운 무늬의 옷을 입고서 초점 없이
그냥, 이라는 말만 남발하곤 했다

물처럼 흐르는 '그냥'에는 너무 많은 뜻이 있다
그녀의 그냥은 어디에서 기인한 것인지 그 이면엔 무엇이 숨겨져 있는지

좀처럼 짐작할 수 없었고 짐작해서도 안 되는 것이었다
그냥이 연어처럼 거꾸로 거슬러 오른다 해도 그것엔 변함없다

진눈깨비가 모두 사라진 거리
아득하게 넓고 거친 공기가 내 안을 관통한다
진작에 그녀의 열 손톱이 나를 할퀴어 놨는지도 모른다
저기 거꾸로 거슬러 오르는 연어들을 할퀴었는지도

그냥은 연어보다는 물과 비슷하지만
그냥을 남발한 그녀를 잊는 일은 기억하는 일은
엎질러진 물을 닦는 것과는 다르다

그녀를 닦을 때마다 나의 열 손톱에서는 피가 난다
물도 상처를 낼 수 있거나 물이 아닌 셈이다

나는 오랜 착오를 거쳐 그것을 깨달았다

제4부

물기 어린 어둠

어깨 위에 내려앉은 질척한 어둠
어둠을 반죽할 수 있다는 건 모두가 아는 사실이다

차진 어둠 속에 모내기처럼 박혀 있는 별들
하지만 별은 어깨에 내려앉지 않는다
그들에겐 이 밤을 장식할 의무만이 있을 뿐
꿈 없는 자의 어깨는 그들의 자리가 아니다

별은 수없고 내일도 그럴 테지만
어린 심장의 몫으론 하나도 주어지지 않았다
하나, 단 하나만 훔쳐 오면 될 텐데

하나면 어린 심장에 심어 주기 알맞다
심장이 자라는 동안 일은 백이 될 수도 있다
무에서 유를 창조하는 것에 비하면
일이 백이 되는 건 그다지 어렵지 않으니까
〉

그러나 내겐 손목이 남지 않았다
손목 없는 손은 아무것도 훔칠 줄 모르며
아무것도 적을 줄 모르고
무릎을 끌어안을 수조차 없다

어깨 위 어둠이 무거워 온몸이 삐걱댄다
손목 없는 자가 과연 어깨를 버틸 수 있을까

"누구나 눈을 감을 수 있으니까 꿈 정돈 꿀 수 있잖아요
왜 나는 꿈도 없죠?"

허드렛소리만 속살거리는 어린 심장은
이미 어둠의 물기에 젖어 버렸고
내일 태양이 뜬다 해도 결코 마르지 않을 것이다

벽지를 뜯어내면

커튼 한쪽이 찢어졌고 아빠가 사 준 기타가 부서졌어요
나의 흰 벽에는 칼자국이 흥건해요 벽지를 뜯어내면
우울과 비슷한 색이 나올 테니까요

우울은 마치 자신이 나의 분신이나 그림자나 고질이나
운명이라도 되는 양
끊임없이 나를 쫓아다녀요

일 년에 몇 번쯤은 죽고 싶어 몸부림치죠
한 번이 몇 시간일 때도 있고 몇 달일 때도 있어요
사건에 부딪힐 때도 있고 아무 일도 없을 때도 있죠
해결되면 잊는 것도 있고 해결될 수 없는 것도 있어요

우울은 도통 사라질 생각을 하지 않아요 아니
그들은 보통 생각이란 걸 할 줄 모르죠
내가 아홉 살일 때도, 지금도 말이에요
〉

나는 아홉 살에 우울을 만났고 그건 나뿐만이 아니에요
세상의 절반은 아홉 살 때부터 우울을 알고
나머지 절반도 열 살이면 다 알지만
세상 누구도 우울에서 확실히 해방되는 법을 모르죠

수십 년이 쏟아져 내린 밤은 늘 젖어 있고
내 안의 것을 상실하고 또 상실하여
이러다가는 나를 모두 잃겠구나, 싶을 때에야 젖은 밤을 닦고
이불 속에 숨어요 웅얼거리는 내 질문은 작은 이불 속에서 환청처럼 흩어지고 말아요

대답은 언제까지고 들을 수 없는 건가요?

벽지를 뜯어내면 정말 우울과 비슷한 색이 나오나요
우울을 흡수할 수 있는 건 보다 큰 우울뿐인가요
난 언제쯤 이 아홉 살에서 벗어날 수 있나요

식은 붕어빵

피곤해서 낮잠에 들었다가 가위눌리는 꿈을 꿨어

가위에서 겨우 빠져나온 뒤에도 여전히 꿈,
또다시 꿈에서 빠져나오느라 기진맥진했지
큼지막한 빗장이 두 개나 되는 문은 무겁고 무섭고 불쾌해

창밖엔 비가 내리고 있었어, 하지만

비가 와서 그런 게 아니야
기차가 떠나서도 어젯밤 잠을 못 자서도 아니야
회사 옆에 세워지고 있는 큰 건물이 꽃집을 가려 버린 탓도 아닌걸

사랑이 끝났기 때문도
끝나 가기 때문도
끝나지 않을 것 같기 때문도 아니야

〉

그런데 왜 가위눌리는 꿈을 꿨을까?

가위를 꿈을 방문을 열어젖히고 지친 걸음으로 빠져나오니
식탁 위에 가지런히 놓인 붕어빵 봉투가 보였어
나는 남아 있던 식은 붕어빵 세 개를 내리 먹고는 바보처럼 웃었지

당신 몫 하나 남겨 두지 않고

틀

그는 빠르고 부드럽게 칠판을 닦았다
잘 털려 있지 않은 칠판지우개가 그의 손목을 따라 꺾이며
규칙적인 그림을 그렸다
그가 칠판지우개를 내려놓았을 때
칠판은 마치 억새밭 같은 모습을 하고 있었다

그것을 본 날부터 가슴이 갑갑했고
다음 날부턴 이상한 버릇이 생겼다

나는 아무 컵이나 집었다가 절레절레 다시 자리에 두고는
가장 안쪽에 있는 노란 컵을 꺼내 보리차를 따랐다
그제야 보리차를 목으로 넘길 수 있었다
녹차는 초록 컵, 우유는 흰 컵에 따랐다

보라색 표지의 시집을 읽을 땐 보라색 색연필로

분홍색 표지의 시집을 읽을 땐 분홍색 색연필로 밑줄을 그었다
그래야만 밑줄이 반듯하게 그어졌다

여름내 방목되어 있었다
아무런 규칙도 없었고 아무도 나를 힐책하지 않았다
그대로 녹아내려 형체 없는 시체가 되기 딱 알맞은 때였다

겨우 가을이 왔으므로
뭐라도 규칙을 만들지 않으면 안 되는 것이다
그는 손목을 꺾어 가며 그것을 암시해 주었다

칠판도 억새밭을 가졌는데 나도 계절처럼 환치될 수 있을까
'우리' 안에
틀 안에 갇히고 싶다

행간

비닐우산을 쓴 그녀가 빗속을 가로질러 왔다
거친 바람결에 머리카락이 어지러이 흩날렸다
그녀의 꾹 다문 입술은 어떠한 음절도 갖지 않았으나
젖은 눈동자만은 무슨 말인가를 하고 싶었던 것 같다

나는 그녀의 아지트에 먼저 앉아 있었다
전주 변두리에 있는 작은 카페
아메리카노를 잘 만드는 카페였다

우리의 커피는 식어 갔고
그녀는 의자만 몇 번 당겨 앉을 뿐 아무 말도 하지 않았다
아까 유리창 너머로 그녀를 봤을 때 이미 이를 예상했다

나는 시시한 농담을 던졌고 그녀는 쉬운 웃음을 흘렸다
목 끝에 걸려 있는 진짜 말들은 하나도 발설되지 않았고
그녀도 특유의 진중한 미소를 띠지 않았다

때때로 서로가 같은 눈동자를 가졌을 뿐

그녀도 나와 마찬가지로 홍역을 치른 다음이었을 것이다
우리의 농담과 웃음 뒤에는 무거운 적막이 감돌아
실은 서로에게 들킨 셈이지만
아무래도 좋았다
한 번 앓은 홍역은 다시 걸리지 않는 법이니까

미리 약속한 종료의 시간이 될 때까지
우리는 계속해서 그렇게 있었다
따뜻하고 아린 눈빛만이 우리의 행간이었다

꿈의 자취

꿈이 옅어지고 옅어지고
하지만 아직은 꿈속에서 가물거릴 때,
생각을 짙게 하고 짙게 해서
꿈을 이어 가야 해

밤새 소용돌이치며 범람하던 마음 붙들고
당신을 기다렸던 탓인가
오랜만에 꿈 제조하는 일에 성공했지

올려다볼 때 목 아프기 싫어
키 큰 사람을 선호하진 않지만
당신이 이미 키가 커 버린 것은 어쩔 수 없는 일

많은 말을 머금고 있는 줄 알았는데
아무 말도 못 뱉어서
박하사탕을 문 것처럼 입안이 알싸했고
〉

꼭 잡은 오른손이 뜨거웠지
델 것처럼 뜨거웠지만 결코 놓을 수는 없었어
그대로 내 손이 타들어 간다 해도 놓고 싶지 않았어

어물거리는 새 시간이 지나고 지나
눈을 뜰 수밖에 없었지만
온기는 너무도 분명하게 남아 있어서,
나는 눈을 뜬 채로도 꿈과 현실을 가름할 수 없었어

정말로 내 몸 어떤 곳도 따뜻하지 않은데
오로지 오른손만이 따뜻했다니까

유독 찬연했던 아침 햇살이 오른손에만 내리쬐었던 걸까
내 넘치는 꿈은 그 긴 꿈을 다 돌고도 남아
오래도록 자취를 남기고 있었어

동경

늦봄의 달에도 춥다고 눈이 다 내린다고
봄은 지구상에서 사라졌나 보다고

봄이 사라진 이유를 나는 알지
내가 당신을 동경하기 때문

동경의 동 자가 실은 겨울 동冬이라는 걸, 알까
그리워할 동憧이기 이전 어떤 최초에
분명 그러했다는 비밀을

동경이 항상 가슴 시린 이유
내 가슴에 이토록 눈이 내리기 때문에
그 눈이 넘쳐 지상에까지 내리고 있다는 걸, 알까

당신에의 동경이 끝나지 않았으므로
비밀은 해체된 적이 없으므로
〉

봄이 오지 않을 수밖에
계속 겨울일 수밖에

한 페이지

2단으로 맞춰진 스탠드 불빛이 어제 달빛과 비슷하다
똑바로 바라보기에 조금 외로운 정도
책상은 말끔히 정리되어 있고
스피커는 내가 좋아하는 음악만 골라 들려주고 있다
찻잔의 온도도 적당하다

거의 모든 것이 완벽한 상황에서
흐트러진 게 있다면 책장뿐이다
무엇을 읽을지 결정하지 못해 다섯 권을 빼내는 동안
책들이 기울어진 까닭이다

겨우 고른 책을 세 시간 동안 읽었고
책을 덮은 후엔 실컷 울었다
단 한 페이지 때문에, 오랜만에 슬펐다

잠을 이루기 어려웠다
책 속의 주인공이 걸어 나와 꿈 내내 말을 걸 것 같았다

정확히는 꾸짖을 것 같았다
나는 그 부분에 대해 잘못한 일이 있었다

그래도 잠은 자야 할 터여서, 그가 날 꾸짖지 못하도록
그 부분의 페이지를 찢어 낼까도 생각했다
그리하면 없는 이야기가 될 수 있을 것 같았다

나는 다시 책장 앞으로 갔고
슬픈 제목의 책들을 꺼내 부지런히 쌓아 올렸다
세상 모든 슬픔의 가능성을 먹어 치워 버리려는 사람처럼
나머지 책들은 더욱 기울어지고
거의 모든 것이 완벽하지 않게 되었다

사념이 많아졌다

겨울이 와

홀로 한참을 벤치에 앉아 있었어
똑바로 바라본 햇빛이 너무 눈부셔서 눈을 감아 버렸지
공기는 찼고, 겨울이 오고 있었어

겨울이 와

방학에 뭘 할까 알록달록 계획표를 그리던 그 겨울
며칠 내내 못 지키자 계획표를 폐지 상자에 넣으며
겨울은 원래 빈둥거리는 거라고 배시시 웃던 그 겨울

군고구마나 붕어빵 봉투 손에 들고
식기 전에 집에 가려고 발걸음을 재촉하던 그 겨울
참지 못하고 하나 꺼냈다간 꼭 혀를 데던 그 겨울

가장 먼저 첫눈을 발견하고 엄마! 아빠! 부르던 그 겨울
차라도 마시며 우아하게 감상하고 싶지만
기어이 창밖으로 고개를 내밀어 볼이 빨개지도록 눈을

맞던 그 겨울

이건 해마다 읽어야 하는 책이라며
수십 권짜리 만화책을 무더기로 쌓아 올리던 그 겨울
뜨끈한 전기장판에 몸을 누이고 한 권씩 읽다 보면
결국 한숨도 자지 못하고 다시 밤이 오던 그 겨울

나는 두려워
그 겨울이 오지 않을까 봐

감은 눈을 떠 머리 위 나뭇잎들을 올려다보자
사이사이로 예쁜 빛이 새어 나왔고
파란 우주가 흐르고 있었어
그 장면이 너 같다고 생각했어

그 장면을 잃고도
정말 다음 계절이 올까

하얀 탁상시계

쇼윈도 너머 벽걸이 시계는
눈사람처럼 원이 두 개였고 하얀 빛깔이었어
순전히 벽걸이용인지 원 하나를 뒤로 접어 탁상용으로 쓰는 것도 가능한지는
유리창이 깨끗하지 않아서 알 수 없었어

게으른 자를 받아 주는 직장은 존재하지 않으므로 치열한 척했고
그것은 언제나 수고로운 표정을 가졌지
직장들은 대체로 기껍지 않았지만
오래도록 기억될 곳이 한 군데쯤은 있을 거야

아이들은 그림을 그렸고, 글을 썼고,
나는 그런 아이들과 빙글빙글 춤을 추었지
탁상 위 하얀 시계만이 그 유일한 증인이었어
시계는 가끔, 시간을 재는 일뿐 아니라
시간을 멈추거나 감추거나 지키는 일도 하니까

〉

내 하얀 탁상시계야, 오늘 널 닮은 아이를 봤어
누군가 내버리지 않았다면
넌 지금도 재깍재깍 유난한 소리를 내고 있겠지

그래, 널 잃은 걸 깨달았을 때
나도 재깍 널 찾으러 가고 싶었단다
내 책장에 널 올려놓는다면 아주 예쁠 테지
라디오가 그려진 컵과 함께 두면 무척 잘 어울릴 거야

하지만 너의 유일한 증인인 내가, 나의 유일한 증인인 너를 잃었을 때
그 사실을 깨달았을 땐 이미
그곳으로 가는 길을 잊은 후였단다
그건 아마 내가 그곳에서 떠나온 순간부터의 일이었을 거야

환청

귀에 물이 가득 찬 어느 날부터
웅—웅거리는 어떤 말들이 물낯 위로 떠올랐어

하지만 아무리 귀를 기울여 봐도 귀로는 들을 수 없어
손으로 더듬어 봐도 말들은 만져지지 않아
그들은 점자가 아니고
사실 점자라고 해도 난 점자를 읽을 줄 모르니까

말 없는 말들이 물의 겉면을 따라 이리저리 굴러다니고
나는 어떤 방법으로 그것을 해석할 수 있는지 몰라서 절절매

*

붉다고 생각하면 갈색으로 보이고 갈색이라고 생각하면 붉게 보이는
색이 결정되지 않은 낡은 소파 위에서 기사를 읽었어

매일 커피를 일곱 잔씩 마시다 보면
환청이 들릴 수 있다는 신화 같은 이야기

나도 매일 그렇게 마시면 내 안의 환청을 읽어 낼 수 있을까
*웅—웅*거리는 말들을 실재시킬 수 있을까

기사를 신의 귀띔처럼 옆구리에 끼고 맹신해 볼래

*

흰색 체크무늬 컵, 흔한 생활용품점에서 구입했지
바닥이 좁게 파여 있어 들여다보면 계단 같은 모양
컵을 기울이면 커피는 화살표 모양이 돼
화살표는 계속 나를 가리키고 커피를 마실수록 작아져

갈색 커피는 내 눈에 자꾸만 붉어 보이고

커피를 다 마시고도 소파의 색은 결정되지 않았고
화살표는 사라졌고
나는 어디로 가야 할지 점점 모르게 되고
……

귀에 물이 가득 찬 어느 날부터
환청을 해독하기 위해 난 약간 *기울게* 서 있어

얘기해 줘

눈물 속에서 세상은 경계를 갖지 않아
분명했던 경계들은
눈물을 따라 어룽어룽 번져 나가지

모든 빛은 눈물로 이루어져 있어
빛은 언제나 눈물 고인 시선처럼
불확실한 경계를 가지고 번지지
그건 그들 자체가 눈물이기 때문이야

당신은 그 어느 빛보다도 빛나
내 앞에서 당신이 번지는 것은
당신을 볼 때마다 내가 울기 때문일까
아니면 당신이 눈물이기 때문일까

얘기해 줘
세상 모든 빛들처럼
당신도 눈물로 이루어진 사람이었는지

해설

자기 반향의 시 쓰기

문신(시인, 우석대 교수)

최은별의 시를 처음 읽었을 때 "아주아주 긴 꿈을"(「물고기와 새」) 헤매고 난 느낌이었다. 그런데 거듭 읽으면서는 "그것이 꿈이고 사랑이었을까/혹은 도피처였을까"(「낙하」) 하는 의구심이 고개를 내밀었다. 내친김에 한 번 더 읽기로 했더니, 그의 시는 "꿈에서 하염없이 어둠을 더듬었고/꿈인 걸 알아서 아주 무섭진 않았지만 꿈인 걸 알아도 불행했"(「눈이 떠지지 않는 꿈」)던 시간을 고백하는 것처럼 읽혔다. 여기서 알 수 있는 것은 최은별의 시가 '읽는 시'가 아니라 '읽히는 시'라는 사실이다. 그의 시를 두고 '읽힌다'라고 말할 수 있는 근거는 두 가지이다. 하나는 최은별의 시는 읽는 이의 심연을 압도하는 힘이 있다는 것. 또 하나는 읽는 이의 경험 세계와 쉽게 타협하지 않는 개성이 있다는 것. 그런 까닭에 읽을 수 없는 최은별의 시를 읽어 가는 일이 얼마쯤 곤혹스러울 수도 있을 것이다. 그러나 그러한 곤혹이 불편한 감정에서 나온다기보다는 불안한 심정을 감추기 위한 것이라고 받아들이고 싶다. 최은별의 시를 읽는 일은 황무지를 향해 첫발을 내딛는 것처럼 어느 정도 불안을 감수해야 한다. 그러므로 읽으려고 애쓰기보다는 그의 시가 어떻게 읽히는지 두고 볼 필요가 있다. 그것이 최은별의 시가 독자에게 요청하는 독법이 될 테니까.

감각의 순도

시가 인간 심연의 가장 깊은 곳을 탐색하는 탐침봉이라는 믿음이 있다. 맞은편에는 시야말로 세계에 대한 인간 감각의 원형을 형상하는 장르라는 믿음이 놓여 있다. 두 믿음은 얼핏 모순되는 것처럼 보인다. '심연'이라는 말과 '감각'이라는 말이 환기하는 상반된 공간 감각 탓이다. 심연이 인간 내면의 보이지 않는 정신적인 지점과 관련된다면, 감각은 기능화되어 있는 신체의 최전방에 포진한 것으로 알려져 있다. 이렇게 몸과 마음을 별개로 접근하는 방식은 인간이 삶을 총체적으로 이해하기보다는 기능적으로 구분하고, 그것을 해체하여 분석하기 위한 편의에서 비롯했다. 그러나 알다시피 시는 인간의 삶을 기계적으로 설명하는 장르가 아니다. 그런 점에서 우리는 '심연'과 '감각'이 기표는 다르지만, 그것이 지시하는 지점 혹은 그것이 포함하고자 하는 본질은 같을지 모른다고 추측해 볼 수 있다. 우리의 심연은 우리의 감각이 세계의 본질을 가장 예민하게 포착해 낸 원형질로 가득 차 있는 세계이자 어떤 잡음도 섞이지 않은 감각 정보들이 순도 높게 가라앉아 있는 세계일 수 있다는 것이다. 이러한 관점에서 최은별의 시는 감각의 높은 순도를 확보한 것으로 보인다.

멀리 푸른 산들이 여러 겹으로 겹쳐 있었다
눈앞의 수면에는 빛살이 가득 늘어박혀 있었다
부허한 마음을 수습하기에 좋은 풍경이었다
좋은 날이었다

문득, 당신이 내 안에 숨어들어 일으킨
파문을 형상화하고 싶었다

내가 고개를 돌린 뒤에야 닿곤 하는 늦은 눈동자
살금살금 다가와 어깨를 토옥 건드리는 여린 손길
정적 속 스스럽게 한번 터는 마른기침, 같은

나는 가장 반질반질 윤이 나는 돌멩이를 찾았다
짝짝이 신발 중 거추장스러운 쪽을 벗어 던지고
앙감질로 힘차게 뛰었다
돌멩이는 선연한 곡선을 그리며 날아
수면에 작은 파문을 일으켰다

그것은 아주 조심스러웠고
눈이 부셨다

—「파문」 전문

이 시에서 눈에 띄는 것은 "좋은 날이었다"와 "눈이 부셨다"를 마주 세워 놓은 배치이다. 그렇게 좋고 부신 안쪽에서 "파문"이 발행한다. 2연에서는 "파문을 형상화하고 싶었다"라고 하여 화자의 심연을 드러내고, 4연에서는 "수면에 작은 파문을 일으켰다"라고 하여 심연을 감각적 대상으로 전면화했다. 여기까지 읽는 동안 번거로운 일은 발생하지 않았고, 오히려 시의 구도는 명징하고 화자의 행위는 정당하게 보인다. 다시 1연으로 눈길을 돌리면

"멀리 푸른 산들"로부터 "눈앞의 수면"까지 "겹쳐 있"고 "늘어박혀 있"는 것들을 일별한 후, 그것들이 "좋은 풍경이었다"라고 시의 포석을 깔아 놓는데, 또 3연에 가면 "고개를 돌린 뒤에야" "살금살금 다가"오는 "늦은 눈동자"와 "여린 손길"을 마련해 두고 있다. 이쯤 되면 이 시는 정교하게 틀어 올린 구조물이라고 보아도 틀리지 않을 것 같다. 1연의 "부허한 마음"으로부터 터져 나오는 3연의 "마른기침"은 4연에서 "거추장스러운 쪽을 벗어 던지"는 일로 전환되면서 드라마틱한 서사를 구축한다. 그러나 지금까지의 드라마에 누락된 것이 있다. 바로 "당신"이다. "내 안에 숨어들어 일으킨/파문"의 당사자인 '당신'을 누락한다면, 이 시는 한낱 언어 구조물에 불과했을 것이다. 최종적으로 이 시는 '당신'과 '나'의 관계가 "짝짝이"로 폭로되는 순간 완성되고 있기 때문이다.

「파문」을 사례로 살폈지만, 최은별의 시는 직관적이면서 서사 배치에 있어서 정교한 모습을 보여 준다. 이것이 가능한 이유는 그가 시적 대상을 충분히 장악하고 있기 때문이다. 시적 장악력이 탁월할수록 시에 힘이 실리는 법인데, 최은별의 시는 그러한 힘으로 독자를 압도함으로써 읽히는 시의 범례를 만들어 간다. 가령 "비밀을 구걸하지 않는 새들의/단단하고 선명한 노래처럼//외쳐야지”(「메아리」)라고 그가 속내를 털어놓을 수 있는 이유도 ‘메아리’의 본질과 속성을 낱낱이 헤아려 냈기 때문이다. 알다시피 메아리는 원본의 아우라가 상실된 청각 이미지에 불과하다. 줄여 말하자면, 메아리는 청각적 카피본에 해당한다. 그렇다고 해서 메아리를 가상 존재(시뮬라크르)의 범주에 넣을 수도 없다. 메아리가 청각적 카피에 해당하는 건 맞지만, 카피의 방식이 이미지 복제를 통한 재생이 아니라 실제 감각의 반향(反響)에 따른 증폭이기 때문이다. 이는 원본을 지속하는 중요한 방법이다. 메아리처럼, 원본을 지속할 경우 원본이 환기하는 감각(‘메아리’의 경우에는 청각) 자질을 심연까지 연장해 나갈 수 있는 장점이 있다. 최은별은 서사와 이미지를 재생하는 중요한 기법으로 메아리의 반향을 활용할 줄 안다.

> 시집은 건조대 위에서 빨랫감의 기분에 대해 생각한다
> 별도 없고 비만 내리지만 시집은 실제 빨랫감이 아니라
> 별로 상관없다 시, 와 비, 는 비슷한 글자이니 더더욱 괜찮을지 모른다
>
> 시집은 한 번 읽힌 뒤 쭉 책장에서 노쇠해져 가고 있었기 때문에
> 그대로 잊히는 운명을 맞이할 참이었기 때문에

자신이 다시 선택된 것도, 지금 건조대 위에 널려 있는
상황도 다 꿈같고
몇 번씩 입혀지고, 세탁되는 빨랫감의 기분을 알 리도
없다고 판정한다

—「빨랫감」 부분

모든 잃었던 것들이 좌표를 읽고 궤적을 더듬네요
당신을 왜곡하고 균열시키던 시간이
실없는 농담이었던 듯이

그렇다면 그냥
당신이기로 해요 계속 당신이기로

—「증발」 부분

「빨랫감」에서 감각적 원본이 "시집"이라면, 그로부터 연장된 반향의 감각은 "실제 빨랫감"이거나 혹은 그 역의 관계를 상정할 수 있다. 이 관계는 "시, 와 비"라는 또 다른 반향의 방식을 포함한다. 최은별의 시에서 '시', '비' 같은 소릿값을 통해 반향을 생성하는 일은 낯설지 않다. "별도 없고"와 "별로 상관없다"가 그렇고 "당신이기로 해요 계속 당신이기로" 같은 경우도 음운의 반향을 시적 장치로 활용하는 예이다. 그럴 때 반향은 언제나 "잊히는 운명

을 맞이"하게 되는 감각적 원본들이 "모든 잃었던 것들이 좌표를 읽고 궤적을 더듬"는 방식으로 "실제" 세계를 재생해 낸다.

연장된 1인칭, 당신

그런데 최은별의 시가 반향을 통해 더듬고 있는 '궤적'에서 자주 목격되는 것은 '당신'이다. 이때 '당신'은 '나'로부터 반향된 존재라는 점에서 문제적이다. 최은별은 '당신'이라는 2인칭을, 이런 표현이 가능한지 모르겠지만, 연장(延長, extended)된 1인칭으로 활용한다. 이러한 시각은 자신을 객관적 대상으로 재인식하는 방식과 다르다. 자신을 초월하여 자신을 응시하는 자기 분리의 시선이 아니라, 자기 동일성을 유지한 채 자기로부터 연장된 자기를 바라보는 것이다. 이러한 방식은 일차적으로 현재에서 과거로 향하는 시간성을 공간화(연장화)하는 방식을 채택한다.

마른 혀로 어둠을 닦는다
내가 똑똑히 바라보았던 그날들이

내게 절실했던 그날들이 만져지지 않는다
어둠에 뒤섞인 그을음만이 그 모든 흔적인 것인지
무엇도 속단할 수 없다

잘릴 만큼 혀를 깨무는 건 어렵다
잘려도 죽을 만큼 피를 흘릴 수도 없다

그래도 나는 할 수 있어야 한다
이 혀를 잘라 버리고 죽을 만큼 피를 흘리고
다시 새 혀가 돋아나
당신이 아닌 사람을 말할 수 있어야 한다

마른 혀를 접는다
귀퉁이를 잃어버린 어둠이 사라질 준비를 한다

생을 바쳐 오직 당신만을 부르고 싶었지만
당신이 내 혀에 가시처럼 박혀
나는 당신을 발설할 때마다 따끔따끔 아프다

—「가시」 전문

이 시의 매력은 어법에 있다. 시집에 실린 많은 시들이, 비유적인 의미에서, 당겨지고 있는 시위의 장력처럼 유연한 탄력을 보여 주는 데 반해, 「가시」는 더는 당길 수 없을 만큼 팽팽한 경직된 시위의 어법을 보여 준다. 이런 어법의 시는 이미지와 메시지가 곧장 과녁을 향하는 덕분에 독자를 단숨에 사로잡게 된다. “닭는다” “않는다” “어렵다” “접는다” “아프다” 같은 3음절 서술어와 “없다” “한다”의 2음절 서술어는 시적 긴장을 만들어 내기에 충분하다. 특히 1, 2연의 ‘없다’로부터 3, 4연의 ‘한다’로 이행하는 세부를 통해 최은별은 자신의 세련된 언어 감각을 충분히 드러냈다. 이러한 형식을 동원하여 이 시는 “내가 똑똑히 바라보았던 그날들”에 “내게 절실했던” 것들이 “만져지지 않는” 사태를 연장하고, “다시” “할 수 있어야 한다”는 당위의 세계를 겨냥한다. 3연에서 보여 주는 “혀를 잘라 버리고” “다시 새 혀가 돋아나”는 과정이 자기를 연장해 가는 방식에 해당한다. 그리하여 “생을 바쳐 오직 당신만을 부르고”자 한다. 이 간절함 부름이 “내 혀에 가시처럼 박혀” 있는 “당신”이라는 자기 존재의 반향을 드러내는 방식이 될 것이다.

이렇게 연장된 자기로서의 ‘당신’을 호출하는 이유는 “이제 오른쪽 엄지의 지문으로는/나를 잘 증명할 수 없게 되었”(「무효화」)기 때문이다. 나와 타자 사이에 변별적 자질이었던 ‘지문’의 효력 상실은 자기 존재를 확인하기 위해 좀 더 확실한 것을 요청한다. 최은별은 그것을 자기 신체의 일부이자 연장된 형태인 '점'에서 찾는다. "내 무릎엔 진한 점이 하나 있다 너무 진해서/점 같지 않고 살아 움직이는 무엇 같"(「무릎의 점」)은 인칭적 존재를 발견하는 것이다. 인칭적 존재는 시집 곳곳에서 호명과 명명의 방식으로 소환하고 있는 개별화된 인격체를 포함한다. 그녀, 엄마, 너, 친구, 학원 강사 같은 '당신'의 이형태들이 화자에게 박혀 있는 점의 형태로 존재한다. 그럴 때 '점'은 자기 자신이면서 자기로부터 연장된 객관적 대상이 된다. 이제 보게 될 「밑줄을 그어 줘」는 자기 반향의 결과이자 연장된 1인칭으로서의 자기를 증명하는 방식이 압축적으로 드러나 있다.

손이 미운 철부지 소녀야

글재주 하나 없는 네가
내 꿈속에선 긴긴 편지를 썼지
그러면 그건 나의 말일까 너의 말일까

(중략)

손이 미운 철부지 소녀야

미처 건네지도 못한 그 이야기를
꿈 밖에서 다시 해 주겠니

중요하다고 말해 줘
~~내게 밑줄을 그어 줘~~
아니 아니, 취소선 말고 밑줄, 밑줄을 그어 줘

해가 지고 별이 뜨거든, 마침 바람이 불거든 말해 줘
네 손을 꼭 잡아 준
그때 그 사람, 바로 나였다고

—「밑줄을 그어 줘」 부분

이 시에서 화자는 자신을 "손이 미운 철부지 소녀"라고 부른다. 이 경우 부르는 자와 불리는 자는 서로 분리된다. 그러나 이들의 분리가 "꿈"이라는 비실재적 세계에서 일어나게 되면 사정이 달라진다. 프로이트가 말했다시피 꿈이란 의식의 세계에서 억압된 자아의 욕망이 발현되는 공간이다. 이곳에서 '나'는 연장된 '나'를 만나게 되는데, 최은별은 연장된 자아로 '철부지 소녀'를 호명한다. '미운 철부지'라는 저의를 짐작해 보건대, 호명하는 주체 '나'는 "글재주 하나 없는 네가/내 꿈속에선 긴긴 편지를 썼"을 때, 과연 그 말의 진심과 그 효력에 관해 "나의 말일까 너의 말일까" 하고 의심할 수밖에 없다. 그리고 이러한 의심이 자기 자신을 지목한다는 점에서 자의식이라고 말할 수 있다. 이 시에서 "취소선 말고 밑줄, 밑줄을 그어 줘"라는 진술이 연장된 1인칭으로서의 자의식이 발현된 사태에 해당한다. 이러한 자의식을 인정하는 순간 "그때 그 사람, 바로 나였다"라는 자기 동일성의 세계에 도달하게 된다.

///부끄러운/// 시

꿈이라는 비실재 세계로 연장된 1인칭으로서의 자의식은 꿈 밖 현실에서는 좀처럼 힘을 발휘하지 못한다. 최은별의 자의식은 꿈이나 환청 같은 비실재 세계에 갇혀 있다. 그래서 그는 "매일 커피를 일곱 잔씩 마시다 보면/환청이 들릴 수 있다는 신화 같은 이야기//나도 매일 그렇게 마시면 내 안의 환청을 읽어 낼 수 있을까/웅—웅거리는 말들을 실재시킬 수 있을까"(「환청」)라고 묻는다. 그가 이렇게 비실재 세계에 탐닉하는 것은 "내 넘치는 꿈은 그 긴 꿈을 다 돌고도 남아/오래도록 자취를 남기고 있었"(「꿈의 자취」)기 때문이다. 최은별은 언제나 환청의 세계, 꿈의 세계 외부에서 꿈과 환청의 세계에 연장된 자의식에 주목하고, 거기에서 포착한 세계를 시의 세계로 인도한다. "난 오직 꿈속에서만 너에게 적은 글자들을 구겨 던질 수 있었"고 "꿈속에선 구겨진 글자들이 웅얼거리며 자신을 발음했고" "아직 적지 못한 글자들까지/나는 이미 다 외우고 있었"(「치사량」)다는 정황으로 미루어 보건대, 꿈이라는 비실재 세계는 실재 세계를 살아가는 사람을 시인으로 만들어 주는 창조적 기세로 작동하는 것 같다. 최은별은 이러한 과정을 견고하게 고안한 기호("///")의 세계로 부호화한다. 그 결과 삼중의 "빗금"에 갇힌 세계는 연장된 1인칭의 세계이자 꿈과 환청의 세계, 나아가 자기 동일성으로 구축된 시적 세계가 된다.

> ///감기약을 먹었더니 졸음과 수전증이 왔다
>
> 천장은 갈수록 높아지고
> 그 아득한 천장에 종이는 겁을 먹었다
>
> 분명 반.듯.반.듯하게 글씨를 썼는데
> 겁먹은 종이가 이리 흔들, 저리 흔들,
> 글씨가 *비,뚤,배,*뚤해졌다
>
> 어릴 때는 경필 대회에서 금상도 수상했건만

이젠 악필가가 따로 없다

‘천재는 악필이라지’
내가 비로소 천재가 된 것인가 주억이다
‘글씨는 마음의 거울이라고!’ 하며
종이를 찢는다

너를 잃은 나의 말들이
어디로 가야 할지 몰라 울고 있다
실어가 된 그들이 실비로 내리고 있다

어떻게 해야 무너지지 않을 수 있을까

누군가가 끌어낸 것이라 믿고 싶지만
끌린 자국은 없다
나를 떠나기 위해
스스로 걸어간 자국만이 뚜렷할 뿐

감기약을 먹었으니 입을 다무는 게 좋겠다

빗금을 많이 치면 부끄럽다는 거니까
이 시는 부끄러울 것이다///

—「///부끄러운 시///」 전문

「///부끄러운 시///」는 실재 세계와 연장된 비실재 세계가 충돌하면서 의식과 무의식이 통합된 자의식을 도모한다. "졸음과 수전증"이라는 비실재 세계에 입문한 화자는 과거에는 "반.듯.반.듯하게 글씨를 썼는데" 지금은 "글씨가 *비,뚤,배,*뚤해졌다"라거나 "어릴 때는 경필 대회에서 금상도 수상했건만" "이젠 악필가가" 되었다고 자기 분열의 증상을 발견한다. 그렇지만 자아가 분리/분열된 상태는 곧장 "글씨는 마음의 거울"을 통해 복구될 수 있는 여지를 마련한다. '거울'을 통해 자기를 반향함으로써 화자는 과거의 자신이 현재의 삶을 반영하고 있는 통합된 자의식, 즉 '비,뚤,배,뚤해'진 글씨를 쓰는 '악필가'로 연장되어 있는 1인칭으로서의 자기 자신을 인정한다.

그럼에도 연장된 1인칭의 서사를 "부끄러운 시"라고 규정한 이유는 무엇일까? 표면적으로 최은별은 "빗금을 많이 치"고 있기 때문이라고 말한다. 그럴 때 빗금은 "너를 잃은 나의 말들"이거나 "나를 떠나기 위해/스스로 걸어간 자국"의 기호이다. 상실과 부재의 삼중 빗금 속에서 최은별은 "감기약을 먹"고 "실어"의 세계로 들어갈 수밖에 없다. 이때 '실어'의 세계가 바로 비실재 세계이자 삼중 빗금으로 차단된 세계이다. 그 세계에서 최은별은 "입을 다"물어 버린다. 왜냐하면 "너와 반짝이는 장면을 공유하며 명명하고 싶을 때마다/이미 네가 그것에 붙인 이름이 있어/나는 함부로 시인이 될 수 없었"(「네 시를 읽는 오후 네 시」)기 때문이다. '이미' 주어져 있는 '이름'을 부르는 자는 시인이 될 수 없다. 기성 세계를 호명하는 일은 창조적인 시의 일이 아니다. 따라서 그가 '부끄러운 시'라고 말하는 심연에는 '세계를 명명하고 싶을 때마다' "어디로 가야할지 몰라" 잃어버린 말이 있다. 최은별은 이 말의 반향을 시로 쓰고자 하는데, 공교롭게도 거기에서 반향된 것은 '실어'의 세계, 즉 침묵이다. 시의 부끄러움은 이러한 침묵을 제대로 써내지 못하는 자의식에서 나온 것이 아닐까? 그러나 역설적으로 이 시집은 침묵을 반향하는 과정을 통해 순도 높은 심연의 메아리를 얻을 수 있었다.

이제까지 살펴본 것처럼 최은별의 시는 특별히 감각적이고 예민한 감수성으로 무장하고 있다. 그러한 감수성은 실재 세계에서 발현되기보다는 꿈이나 환청 같은 비실재 세계를 무대로 삼는다. 이런 현상은 이천 년대 시에서 줄곧 목격해 온 일이라서 그 자체로는 특별하다고 할 수 없다. 하지만 최은별은 그러한 시적 감성과 감각을 발생시키는 메커니즘에 도전함으로써 연장된 1인칭이라는 낯선, 그리고 독자적인 자의식의 영역을 확보했다. 인용

한 시가 보여 주고자 하는 세계가 바로 꿈과 환청이 연장된 자의식의 세계이다. 그러한 자의식은 꿈(환청)의 입구(///)와 출구(///)에 갇혀 있다. 따라서 삼중의 빗금으로 완강하게 거부하는 세계로 들어가기 위해 독자들은 "가위눌리는 꿈"(「식은 붕어빵」)을 꾸거나 "꿈에서 하염없이 어둠을 더듬"(「눈이 떠지지 않는 꿈」)을 필요가 있다. 그래야만 우리는 연장된 1인칭으로서의 자의식을 반향하고 있는 최은별의 시 세계를 만나게 된다.